Christian Witt

# Drahtlose Internetzugänge im Überblick

GRIN Verlag

**Bibliografische Information der Deutschen Nationalbibliothek:**

Die Deutsche Bibliothek verzeichnet diese Publikation in der Deutschen National-
bibliografie; detaillierte bibliografische Daten sind im Internet über http://dnb.d-
nb.de/ abrufbar.

**Impressum:**

Copyright © 2002 GRIN Verlag GmbH
Druck und Bindung: Books on Demand GmbH, Norderstedt Germany
ISBN: 978-3-638-72339-8

**Dieses Buch bei GRIN:**

http://www.grin.com/de/e-book/17805/drahtlose-internetzugaenge-im-ueberblick

**GRIN - Your knowledge has value**

Der GRIN Verlag publiziert seit 1998 wissenschaftliche Arbeiten von Studenten, Hochschullehrern und anderen Akademikern als eBook und gedrucktes Buch. Die Verlagswebsite www.grin.com ist die ideale Plattform zur Veröffentlichung von Hausarbeiten, Abschlussarbeiten, wissenschaftlichen Aufsätzen, Dissertationen und Fachbüchern.

**Besuchen Sie uns im Internet:**

http://www.grin.com/

http://www.facebook.com/grincom

http://www.twitter.com/grin_com

# Drahtlose Internetzugänge

## von

## Christian Witt

**BERUFSAKADEMIE LÖRRACH**
– STAATLICHE STUDIENAKADEMIE –
UNIVERSITY OF COOPERATIVE EDUCATION

# S E M I N A R A R B E I T

Verfasser:                          Christian Witt

# Inhaltsverzeichnis                                    Seite

# Abbildungsverzeichnis        Seite

# Abkürzungsverzeichnis

DECT – Digital Enhanced Cordless Telecommunications

EDGE – Enhanced Data for GSM Evolution

GEO – geostationary earth orbit

GPRS – General Packet Radio Service

GSM – urspr. Groupe Spéciale Mobile, heute Global System for Mobile Communications

HSCSD – High Speed Circuit Switched Data

HTML – Hyper Text Markup Language

ISDN – Integrated Services Digital Network

kbit/s – Kilobit pro Sekunde

LAN – Local Area Network

LEO – low earth orbit

Mbit/s – Megabit pro Sekunde

MEO – medium earth orbit

OSI – Open Systems Interconnection

PDA – Personal Digital Assistant

TETRA – Terrestrial Trunked Radio

WAP – Wireless Application Protocol

WML – Wireless Markup Language

XML – Extended Markup Language

# 0 Problemstellung

Drahtlose Internetzugänge – welche Systeme gehören dazu? Was können die einzelnen Systeme, was können sie nicht?

Mit dieser Arbeit möchte ich versuchen einen Überblick über die verschiedensten drahtlosen Internetzugangssysteme zu gewähren und auch auf die einzelnen Systeme einzugehen.

Dabei möchte ich aber auch die dabei entstehenden Kosten nicht außer Acht lassen. Auch möchte ich versuchen zu klären, ob die jeweiligen Systeme zukünftig Chancen haben.

# 1 Ein Überblick

Es existieren momentan sehr viele Systeme. Einige Systeme sind bereits lange im Einsatz, andere befinden sich noch in der Erprobung.

Im Mobilfunkbereich gibt es momentan das altbekannte GSM sowie die darauf folgenden Systeme WAP, GPRS, HSCD, i-mode und die noch in der Erprobungsphase befindlichen Systeme EDGE und UMTS.

Im Bereich der Funkübertragung gibt es die verschiedensten Systeme. In diesen Bereich gehören WirelessLAN, Bluetooth aber auch noch Systeme wie Bündelfunk, DECT, TETRA und eingeschränkt der klassische Amateurfunk.

Es gibt aber auch Datenübertragung per Satellit.
Datenübertragung per Satellit wird unter anderem angeboten über bekannte Fernsehsatelliten wie z. B. Eutelsat, aber auch über weniger bekannte Systeme wie Iridium, Inmarsat, ORBCOMM, Skystation und Globalstar sowie Teledesic. Diese Zukunft einiger dieser Systeme ist etwas unsicher.

Den Anfang macht der Mobilfunk mit dem GSM-Standard.

# 2 Der Mobilfunk

## 2.1 GSM

Eingeführt wurde die Datenübertragung über GSM im Oktober 1994. Anfangs unterstützte GSM Übertragungsraten von 2.400, 4.800 und 9.600 bit/s. Teilweise wurden sogar Übertragungsraten von 300 und 1.200 bit/s unterstützt.

Heute wird fast ausschließlich eine Übertragungsrate von 9.600 bit/s[1] verwendet, Vodafone bietet mittlerweile eine Übertragungsrate von bis zu 14.400 bit/s an[2].

Datenübertragung per GSM wird heute standardmäßig von den Netzbetreibern angeboten und ist auch problemlos mit den meisten Mobiltelefonen möglich.

Diese Datenübertragungsraten werden von den Netzbetreibern angeboten, die dabei als Internetprovider fungieren.

Es ist aber auch möglich, Verbindungen direkt zu ISDN-Anschlüssen aufzubauen. Dies hat den Vorteil eines schnelleren Verbindungsaufbaus und teilweise auch einer höheren Übertragungsrate, welche aber Proprietär, d. h. nicht standardisiert, ist.

Bei dieser Art der Datenübertragung hat das Mobiltelefon aber nur die Funktion eines Modems, weshalb es auch GSM-Modems gibt, die auch nur als Modem nutzbar sind. Damit diese Datenübertragung überhaupt genutzt werden kann, sind andere Geräte nötig, die mit dem Mobiltelefon auf verschiedene Arten verbunden werden.

### 2.1.1 Die Verbindung Mobiltelefon - Endgerät

Eine der ersten Varianten ist die Verbindung mit einem Datenkabel. Hier werden die beiden Geräte fest verbunden. Datenkabel gibt es in den verschiedensten Ausführungen, da für die meisten Mobiltelefone unterschiedliche Kabel nötig sind, aber auch der Anschluss der Gegenseite variiert.

Dies ist eines der größten Mankos der Übertragung per Datenkabel, bei einem Wechsel des Mobiltelefons ist meist auch ein neues Datenkabel nötig. Ein anderes, nicht zu verachtendes Manko ist der teilweise extrem hohe Preis für ein Datenkabel.

Eine weitere, sehr verbreitete Verbindungsvariante ist die Infrarotübertragung. Ihr größter Vorteil liegt in der Universalität. Wenn man das Mobiltelefon wechselt, ist die Datenübertragung noch immer möglich, vorausgesetzt das neue Gerät verfügt ebenfalls über eine Infrarotschnittstelle.

---

[1] /1/ Seite 143
[2] /20/

Hier sind die Kosten einiges niedriger, da viele der dafür verwendeten Geräte bereits eine Infrarotschnittstelle besitzen.

Probleme bereiteten die extrem kurze Reichweite, die unbedingt nötige direkte Sichtverbindung sowie Probleme bei hoher Sonneneinstrahlung.

Eine der neuesten Möglichkeiten, eine Verbindung herzustellen, besteht mit Bluetooth. Eine solche Verbindung ist relativ schnell und einfach hergestellt, vor allem da Bluetooth über eine im Vergleich zu Datenkabel und Infrarot hohe Reichweite verfügt. Ein Nachteil von Bluetooth besteht in den momentan hohen Anschaffungskosten und der geringen Anzahl von Bluetoothfähigen Mobiltelefonen.

Auf Bluetooth werde ich später näher eingehen.

## 2.1.2 Die Endgeräte

Für eine Datenübertragung per GSM sind viele Geräte nutzbar, wie z. B. PDAs, Notebooks aber auch normale Desktop-Computer. Je nach Übertragungsart und verwendetem Gerät sowie dem darauf installiertem Betriebssystem ist die Einrichtung unterschiedlich schwer.

Für die Einrichtung einer Verbindung per Datenkabel ist normalerweise die Installation eines Treibers nötig, damit das Betriebssystem weiß, wie es mit dem Mobiltelefon kommunizieren kann. Je nach Betriebssystem oder Mobiltelefon wird dieser Treiber mitgeliefert oder ist im Betriebssystem integriert. Dies ist auch bei einem Infrarotsystem oder Bluetooth-System nötig. Oft treten Probleme auf, weil für das Betriebssystem kein Treiber vorhanden ist. Dies kann z. B. sein, weil das Betriebssystem wenig verbreitet ist, etwas älter ist oder auch weil das ganze System wenig verbreitet ist (z. B. „seltener" PDA und wenig verkauftes Mobiltelefon).

Bei einem PDA ist die Verbindung per Datenkabel eher selten möglich, da diese selten über Standardschnittstellen dafür verfügen. Diese verfügen meist über eine Infrarotschnittstelle.

## 2.1.3 Kosten der Datenübertragung

| | Endpreis in EURO |
|---|---|
| **Abgehende Verbindungen** Abgehende Fax- und Datenübertragungen können ohne separaten Auftrag duchgeführt werden. | |
| Einrichtung | kostenlos |
| Monatlicher Basispreis | kostenlos |
| Übertragung | Minutenpreis[1] |
| **ankommende Verbindungen** Einrichtungs- und Monatsbasispreis fallen nur an, wenn Sie ankommende Fax- und Datenverbindungen ermöglichen wollen und daher separate Vodafone-Nummern benötigen. | |
| **Fax-Empfang** Übertragung von Schriftstücken als Papierfax oder PC-Fax (CCITT Standard Gruppe 3, Übertragungsgeschwindigkeit 9,6 kbit/s) | |
| Einrichtung | 4,95 |
| Monatlicher Basispreis | 0,99 |
| **Daten-Empfang** Übertragung von Dateien, asynchroner Modus, transparente bzw. non-transparente Übertragung, Übertragungsgeschwindigkeit 2,4 und 9,6 kbit/s je Übertragungsgeschwindigkeit: | |
| Einrichtung | 4,95 |
| Monatlicher Basispreis | 0,99 |
| 1 = Abhängig von den gewählten Rufnummern und von Ihrem Aufenthaltsort (deutsches Vodafone-Netz oder ausländisches Netz) | |

Abbildung 1 - Die Kosten der Datenübertragung per GSM[3]

### 2.1.4 Fazit

Die Vorteile von GSM liegen in der hohen Netzabdeckung in Ländern, die über GSM-Netze verfügen und in der langen Erfahrung und damit hohen Zuverlässigkeit des Systems. Der größte Vorteil besteht darin, dass praktisch jedes heutige Mobiltelefon dafür geeignet ist und damit keine zusätzlichen Kosten anfallen.

Leider hat GSM auch Nachteile. So ist die Übertragungsrate für heutige Verhältnisse zu niedrig und auch die Kosten für die Datenübertragung zu hoch. Dies einerseits, weil die Gebühren dafür im Vergleich zum Festnetz teilweise sehr hoch sind und vor allem da nach Zeit abgerechnet wird und dabei die Datenmenge keine Rolle spielt.

[3] /4/

## 2.2 WAP

Begründet wurde dieses Protokoll durch das „Wireless Application Protocol Forum" 1997, in dem anfangs Ericsson, Motorola, Nokia und Unwired Planet Mitglieder waren[4]. Heute hat das Forum mehr als 300 Mitglieder aus den verschiedensten Bereichen. Das WAP-Forum veröffentlichte im Jahr 1998 die Spezifikationen für die Version 1.0 des WAP-Protokolls. Bereits ein Jahr später folgte aber bereits die Version 1.1, dass die erste Version teilweise unvollständig war. Selbst diese Version blieb nicht lange aktuell, da die Version 1.2 im gleichen Jahr erschien. Die momentan aktuelle Version heißt 2.0 und wurde im Jahr 2001 verabschiedet.

WAP führte kein neues Datenübertragungssystem ein, es nutzt einfach das ihm angebotene Datenübertragungssystem[5] (GSM, GPRS u. a.). Die Architektur von WAP wird oft ähnlich dem Schema der Internet-Architektur (OSI-Schichtenmodell) dargestellt. Diese Darstellungsform ist aber sehr umstritten, da sich nicht alle Schichten einfach vergleichen lassen.

### 2.2.1 WML

Für die Darstellung nutzt WAP eine eigene Sprache namens WML (Wireless Markup Language)[6], die als codiertes Binärformat (genannt Binary WML) an das Endgerät übertragen wird, um so die Geschwindigkeit zu steigern. Die Wireless Markup Language (WML), die bei WAP verwendet wird, beruht grundsätzlich auf dem aus dem Internet bekannten HTML (Hypertext Markup Language), wobei WML im Vergleich zu HTML stark eingeschränkt wurde.

Die Gründe dafür liegen unter anderem an der geringen Übertragungsrate, die von GSM geboten wird und auch an den kleinen Displays der damaligen Mobiltelefone.

So können beispielsweise nur sehr eingeschränkt Bilder dargestellt werden, da diese sehr klein sein müssen und auch nur eine schwarzweiße Darstellung möglich ist.

Auch der Einsatz einer Skriptsprache ist möglich, diese heißt WMLScript und ist an JavaScript angelehnt. WMLScript bietet verschiedene Möglichkeiten, mit dem Nutzer zu interagieren, indem es auf Nutzereingaben reagiert oder das mobile Endgerät überprüft (Geräteversion, Update der Gerätesoftware, ...).

---

[4] /1/ Seite 450
[5] /1/ Seite 452
[6] /1/ Seite 479ff

Ab der Version 2.0 wird statt WML komplett XML (Extended Markup Language) verwendet, um eine höhere Kompatibilität zu erreichen und um auch farbige Inhalte bereitstellen zu können. Dieser Standard hat sich bis jetzt aber nicht durchgesetzt, es existieren momentan auch keine (verbreiteten) Endgeräte, die 2.0 unterstützen.

## 2.2.2 Die Kosten

Als Beispiel habe ich wieder die Preisgestaltung von Vodafone Deutschland gewählt.

| | Endpreis in EURO |
|---|---|
| Einrichtung | kostenlos |
| Monatlicher Basispreis | kostenlos |
| Vodafone-WAP-Gateway 22 90 100 | 0,19/Min. |

**Hinweis:** Neben den Einwahlpreisen können für die Leistungen anderer Anbieter, zu denen Vodafone D2 im Rahmen von Vodafone-WAP Zugang gewährt, weitere Kosten anfallen. Sie werden im Vodafone-WAP-Angebot darauf hingewiesen, wenn Sie Seiten anfordern, für die zusätzliche Preise erhoben werden.

Abbildung 2 - Die Kosten von WAP[7]

## 2.2.3 Fazit

WAP bot einen relativ interessanten Ansatz, um auch ohne Computer Zugang zu einer Art von Internet zu bekommen. Aufgrund des Zeilenorientierten Designs und der fehlenden Fähigkeit, farbige Inhalte darstellen zu können sowie der teilweise extrem langsamen Übertragung dieser Inhalte konnte sich WAP nie wirklich durchsetzen. Eines der größten Probleme von WAP besteht aber in den sehr hohen Kosten von 0,19 € pro Minute (Vodafone Deutschland), die vor allem aufgrund der langsamen Übertragung Nutzer verärgerten.

## 2.3 HSCSD

Es wurde sehr schnell klar, dass die Übertragungsraten von GSM für einen vernünftigen Internetzugang nicht ausreichen. Eingeführt wurde HSCSD 1999 in Deutschland zuerst von e-plus, wobei e-plus anfangs HSCSD nur mit eingeschränkten Übertragungsraten anbot.

HSCSD beruht noch immer auf dem GSM-Standard. D. h. dass ein GSM-Kanal eine Übertragungsrate von 9,6 kbit/s anbietet. Ein neuer Datenübertragungs-Codec ermöglicht aber die Erhöhung dieser Übertragungsrate auf 14,4 kbit/s[8]. Dieser neue Codec wurde aber erst nach Einführung von HSCSD aktiviert. Dieser Codec verbessert die Fehlerbehandlung

---

[7] /5/
[8] /20/

bei der Übertragung von Daten über einen GSM-Kanal. Durch diese Verbesserung wurde es möglich, die Übertragungsrate zu erhöhen. Dafür war es aber nötig, die Software der Mobilfunknetzarchitektur zu aktualisieren.

Da selbst mit Einführung des neuen Codecs die Datenübertragungsrate noch immer zu niedrig ist, ermöglicht HSCSD die Bündelung mehrer GSM-Kanäle. So ist eine maximale Übertragungsrate von 57,6 kbit/s[9] möglich, indem maximal 4 Kanäle unter Verwendung einer Übertragungsrate von 14,4 kbit/s pro Kanal genutzt werden. Die Anzahl der Kanäle für Up- und Downlink muss nicht identisch sein, d. h. es können 4 Kanäle für den Downlink und nur ein Kanal für den Uplink verwendet werden. Das Mobiltelefon muss dabei jeden Kanal einzeln beantragen und die Sendestation muss für jeden beantragten Kanal die Verfügbarkeit überprüfen, was einen hohen Verwaltungsaufwand verursacht.
Damit ein Mobilfunknetz HSCSD-fähig wird, muss oft nur die Software der benötigten Netzhardware aktualisiert werden, so dass sich die Kosten in einem relativ niedrigen Rahmen bewegen. Der Kunde hingegen benötigt ein neues Mobiltelefon oder aber ein HSCSD-fähiges GSM-Modem.

HSCSD bietet eine hohe, konstante Datenrate, da die Kanäle für einen gewissen Zeitraum fest reserviert werden. Da normaler Internet-Datenverkehr aber selten konstant ist, bleiben die reservierten Kanäle oft ungenutzt. Dies kann ärgerlich werden, wenn pro reserviertem Kanal abgerechnet wird, was zumindest Vodafone Deutschland ab 2003 plant.

## 2.3.1 Die Kosten

| Preise in Euro | | |
|---|---|---|
| | abgehende Verbindungen | ankommende Verbindungen |
| **Einrichtung** | kostenlos | 4,95 |
| **Monatlicher Basispreis** (zzgl. zum Basispreis Ihres Vodafone-Tarifs) | kostenlos | 0,99 |
| **Verbindungspreis** | Vodafone-Minutenpreis entsprechend Ihrem Vodafone-Tarif[2/3] | = Vodafone-Tarif[2/3] |

---

[9] /21/ - HSCSD

1 = Die Preise der Einführungsaktion gelten zeitlich befristet. Voraussichtlich ab Ende 2002 gilt ein Tarifmodell ohne monatlichen Basispreis, dafür jedoch Verbindungspreisen gemäß Ihrem Vodafone-Tarif pro genutztem Kanal (bis zu 4 Kanäle möglich). Die Vodafone-BestServices sind nicht nutzbar.

2 = HSCSD-Verbindungen bis Ende 2002 (siehe Fußnote 1) wie eine einfache Verbindung abgerechnet.

3 = Abhängig von den gewählten Rufnummern und von Ihrem Aufenthaltsort (deutsche Vodafone-Netz oder ausländisches Netz).

Abbildung 3 - Die Kosten von HSCSD[10]

Aufgrund der besseren Vergleichbarkeit habe ich auch hier die Preise von Vodafone Deutschland verwendet.

## 2.3.2 Fazit

Das Kostenmodell von HSCSD sieht eine zeit- und kanalabhängige Berechnung vor, die wirklich übertragene Datenmenge spielt dabei aber keine Rolle. Je nach Nutzungsart kann dies zu unbeabsichtigt hohen Kosten führen, da somit beispielsweise 4 Kanäle reserviert sein können, obwohl momentan nur ein Kanal benötigt würde, eventuell sogar kein Kanal, da die empfangenen Informationen erst gelesen werden müssen, bevor erneut Daten geladen werden können.

Die Zukunft sieht für HSCSD momentan nicht gut aus, da in Deutschland nur zwei Netzbetreiber HSCSD anbieten. Dies sind Vodafone und e-plus, die anderen Netzanbieter haben die Einführung von HSCSD nicht geplant. Auch durch die nahezu gleichzeitige Einführung von GPRS (siehe nächstes Kapitel) keine große Verbreitung erreichen.

## 2.4 GPRS

Größere Chancen für eine hohe Verbreitung werden GPRS zugerechnet. Diese Annahme beruht unter anderem darauf, dass GPRS dem Internet-Protokoll IP sehr ähnlich ist. Diese Ähnlichkeit beruht unter anderem darauf, dass die Übertragung nicht mehr verbindungsorientiert (wie bei GSM/HSCSD) sondern paketorientiert[11] abläuft.

Dadurch ist es auch möglich, Gebühren nicht mehr nach Zeit, sondern nach übertragener Datenmenge zu berechnen. Dadurch ist es unter anderem möglich, ständig online und damit erreichbar zu sein und trotzdem keine Gebühren zahlen zu müssen.

GPRS nutzt wie HSCSD die GSM-Kanäle. Diese werden aber nicht wie bei HSCSD fest vergeben, sondern unter den Nutzern anforderungsorientiert aufgeteilt. Ein GSM-Kanal kann

---

[10] /6/
[11] /21/ - GPRS

demnach von mehreren Mobilfunkteilnehmern genutzt werden, keiner besitzt ein exklusives Nutzungsrecht.

Momentan ist eine Übertragungsrate von bis zu 53,6 kbit/s[12] möglich, zukünftig sind bis zu 150 kbit/s angedacht. Diese Übertragungsrate wird aber unter den Mobilfunknutzern aufgeteilt, die maximale Übertragungsrate dürfte demnach selten erreichbar sein.

Mit GPRS wurden auch Internetfähige Mobiltelefone/PDAs eingeführt. Diese ermöglichen einen direkten Internetzugang, d. h. es wird keine spezielle Sprache wie z. B. WML mehr benötigt. Diese bieten nun einen einfachen, mobilen und auch farbigen Zugang in das normale Internet. Dabei werden fast Geschwindigkeiten heutiger Analogmodems (56 kbit/s) erreicht.

Eines dieser Geräte ist u. a. das Siemens SX45, das es mithilfe eines sog. Headsets auch erlaubt zu telefonieren.

Abbildung 4 - Das Siemens SX 45

Es ist natürlich auch möglich, das Mobiltelefon nur als Modem zu nutzen und als Endgerät z. B. ein Notebook zu verwenden, so hat man einen ganz normalen Internetzugang, als ob man per Festnetz darauf zugreift.

GPRS wird von allen deutschen Netzanbietern unterstützt und mittlerweile unterstützen auch viele Endgeräte standardmäßig GPRS.

GPRS bietet auch einen anonymen Dienst[13] an, welcher z. B. eine Mautberechnung erlaubt.

Durch die Einführung von GPRS entstehen bei den Netzbetreibern einige Kosten, da die Anschaffung neuer Hardware erforderlich ist. Um die paketorientierte Übertragung ermöglichen zu können, wird u. a. ein neuer Gateway[14] in das Internet benötigt.

Um GPRS nutzen zu können, sind wieder neue Mobiltelefone nötig. Dies war aber auch z. B. bei WAP und HSCSD nötig. Mittlerweile sind aber viele aktuelle Mobiltelefone GPRS-fähig.

---

[12] /7/
[13] /21/ - GPRS
[14] /1/ Seite 177

## 2.4.1 Die Kosten

| Preise in Euro (inkl. MwSt) | Vodafone-GPRS XXL[2) optional* | | Vodafone-GPRS XL[2) optional* | | Vodafone-GPRS L[2) optional* | | Vodafone-GPRS by Call[1) voreingestellt* |
|---|---|---|---|---|---|---|---|
| Inklusivvolumen[3) | 20 MB | | 5 MB | | 1 MB | | - |
| Mtl. Inklusivpreis[4) | 39,95 | | 19,95 | | 9,95 | | - |
| Service[5) | WAP | Web | WAP | Web | WAP | Web | WAP/Web |
| Volumenpreis pro 10 KByte | 0,05 | - | 0,05 | - | 0,09 | - | 0,29 |
| Volumenpreis pro MB | - | 1,90 | - | 2,55 | - | 2,90 | - |
| Onlinepreis pro Stunde[6) | - | | - | | - | | 0,02 |
| Aktivierung (einmalig) | 4,95 | | 4,95 | | 4,95 | | - |

*) Nutzung nur mit GPRS-fähigem Handy. GPRS nicht für CallYa verfügbar.
1) Voreingestellt in allen Vodafone-Tarifen. In den Tarifen D2-Sun, -Fun, -Classic und – Classic Premium wird unverändert ein Volumenpreis von 0,351 Euro pro 10 KB zuzüglich 0,016 Euro pro Stunde Online berechnet.
2) Mindestlaufzeit: 3 Monate.
3) Gilt für nationalen ein- und abgehenden Datenverkehr. Nicht genutztes Inklusivvolumen verfällt am Ende des Erfassungszeitraumes. Abrechnungstakt siehe Ziffer 5.
4) Zusätzlich zum monatlichen Basispreis des Vodafone- bzw. D2-Tarifs.
5) Gilt für die Nutzung von GPRS mit manueller Endgeräteeinstellung auf APN "wap.vodafone.de" für WAP-Nutzung bzw. APN "web.vodafone.de" für Web-Nutzung. Verbrauchtes Volumen wird am Ende eines Erfassungszeitraums auf den nächsten vollen 10-KByte-Datenblock (bei Vodafone-GPRS L, XL, XXL und Web-Nutzung: 100-KByte-Datenblock) aufgerundet. Ab 01.01.2003 erfolgt eine Rundung am Ende jeder GPRS-Verbindung, mindestens jedoch einmal stündlich, auf den nächsten vollen 10-KByte-Datenblock (bei Vodafone-GPRS by Call, L, XL, XXL und Nutzung von Web: 100 KByte-Datenblock).
6) Pro angefangener Stunde online und pro GPRS-Sitzung.

Abbildung 5 - Die Kosten von GPRS[15]

Auch hier wieder die Preise von Vodafone, damit die Kostenstrukturen vergleichbar bleiben.

## 2.4.2 Fazit

Momentan ist GPRS eine der besten Möglichkeiten, um kostengünstig und schnell einen mobilen Zugang zum Internet zu bekommen. Die Vorteile liegen darin, dass ein Mobilfunknutzer ständig online sein kann und trotzdem (je nach Tarif) nur die übertragenen Daten zahlt. Dies kann aber auch ein Nachteil sein, wenn man hohe Datenmengen überträgt. Für hohe, konstante Datenübertragung ist HSCSD besser geeignet, für kleine und mittlere

---

[15] /8/

Datenmengen sollte man GPRS nutzen. Da beim Surfen im Internet meist nur kleine und mittlere Datenmengen übertragen werden, ist dafür GPRS sehr gut geeignet.

Datenübertragung ist aber noch immer nicht umsonst, man sollte bei der Nutzung von GPRS noch immer vorsichtig sein, da bei einer normalen Internetnutzung sehr schnell ein Megabyte übertragen werden muss.

## 2.5  i-mode

Erst vor kurzem wurde i-mode in Deutschland eingeführt, nachdem es in Japan sehr erfolgreich ist.

Auch i-mode nutzt wie vorher WAP die vorhandene Übertragungstechnik, in diesem Fall also GPRS, später soll dann UMTS verwendet werden. Dies ist natürlich erst nach der Einführung von UMTS möglich. i-mode tritt in direkte Konkurrenz zu WAP, da es wie WAP ein „modifiziertes Internet", d. h. ein speziell angepasstes, per Handy anbietet. Es verwendet wie WAP eine HTML-ähnliche Sprache, die aber im Unterschied zu WAP 1.x farbige Seiten und auch Bilder unterstützt.

Da das Prinzip von WAP und i-mode sehr ähnlich ist, ist eine Vereinigung beider Systeme geplant. Ob dies wirklich geschehen wird, ist fraglich, da WAP zumindest in Deutschland keine große Verbreitung und damit auch Akzeptanz erlangen konnte.

### 2.5.1  Die Kosten

| Die Preise im Überblick | |
|---|---|
| Handset NEC n21i* | 249 Euro |
| i-modeTM Grundgebühr* | 3 Euro/Monat |
| Kostenpflichtige Content-Abos* | 0,25 – 2 Euro/Monat |
| Versand einer i-modeTM Mail* | 0,19 Euro zzgl. GPRS-Kosten für Datentransfer |
| Empfang einer i-modeTM Mail* | GPRS-Kosten für den Datentransfer |
| GPRS-Datentransfer* | 0,01 Euro/Kilobyte |

Abbildung 6 - Die Kosten von i-mode

* Dieses Angebot gilt nur bei Abschluss eines E-Plus Service Mobilfunkvertrages mit 24-monatiger Mindestvertragslaufzeit. Die Preise dafür variieren je nach gewähltem Tarif. Im Privat-Tarif betragen sie beispielsweise: mtl. Grundpreis € 10,2003, Inlandsgesprächspreise (ohne Sondernummern) von € 0,0767/Min. bis

€ 0,5062/Min. Bei einem Laufzeitvertrag erhebt E-Plus einen Anschlusspreis von € 25,0533. Ein i-mode<sup>TM</sup>-fähiges Endgerät ist erforderlich.[16]

Hier war es leider nicht möglich, die Preise von Vodafone zu verwenden, da Vodafone i-mode nicht anbietet. Vielleicht bieten auch die anderen deutschen Netzbetreiber einmal i-mode an, dies wird von der Akzeptanz in unserem Mobilfunkmarkt abhängen.

Abbildung 7 - Das i-mode Handset

Dieses „Handset" ist momentan das einzige in Deutschland erhältliche i-mode Endgerät, womit auch gleich das größte Problem von i-mode in Deutschland erkannt ist.

## 2.5.2 Fazit

In Japan ist i-mode ein riesiger Erfolg. Ob sich dieser Erfolg in Deutschland wiederholen lässt, ist momentan unklar. Ein Problem besteht darin, dass E-Plus ein relativ kleiner Netzbetreiber in Deutschland ist. Auch hat man als Kunde momentan keine Möglichkeit, ein anderes Mobiltelefon für i-mode zu nutzen, da nur dieses eine i-mode-fähige Mobiltelefon angeboten wird.

Da i-mode GPRS nutzt, sind die angebotenen Dienste vergleichsweise schnell und damit auch einfach zu erreichen. Um diese Geschwindigkeit zu erreichen verwendet i-mode eine eigene, HTML-ähnliche Sprache. Dies erfordert aber auch eine Anpassung der jeweiligen Seiten, um diese für i-mode lesbar zu machen. Dabei kann man aufgrund des kleinen Displays nur begrenzt das normale Seitendesign übernehmen, das man aus dem Internet gewohnt ist. Es ist zwar farbig, aber aufgrund des kleinen Displays muss die Darstellung noch immer zeilenorientiert sein.

---

[16] /9/

Auch i-mode bietet noch immer kein „richtiges" Internet auf dem Handy. Ist die von mir gewünschte Seite nicht an i-mode angepasst, ist sie nur von begrenztem Nutzen.

## 2.6 EDGE – Enhanced Data for GSM Evolution

Wie es der Name bereits verrät, entwickelt EDGE das normale GSM weiter. EDGE nutzt noch immer die Voraussetzungen von GSM (Frequenzband u. a.), ist aber deutlich schneller. Momentan geht man bei EDGE von einer Datenübertragungsrate von bis zu 384 kbit/s aus, später sogar bis zu 2 Mbit/s. Um diese Übertragungsraten zu erreichen, verwendet EDGE noch immer die GSM-Kanäle (bis zu 8), durch ein Modulationsverfahren kann aber die Datenübertragungsrate auf bis zu 48 kbit/s pro Kanal erhöht werden[17].

Auch EDGE arbeitet bei der Datenübertragung paketorientiert und kann somit die durch GPRS installierte Infrastruktur nutzen. Es sind zwar noch Erweiterungen der Infrastruktur nötig, diese sind aber im Vergleich zu den von UMTS verursachten Kosten eher gering, vor allem, da keine erneuten Lizenzgebühren anfallen.

Auch ist es bei einer Einführung von EDGE nicht nötig, neue Sendeanlagen aufzustellen, da EDGE das (hoffentlich) vorhandene GSM-Netz nutzt. Es ist sogar möglich, dass EDGE und UMTS Teile der Infrastruktur gemeinsam nutzen. EDGE-Mobiltelefone werden höchstwahrscheinlich Dual-Mode-fähig sein, womit es möglich ist, GPRS zu nutzen, wenn EDGE nicht verfügbar ist. So ist eine schrittweise Einführung möglich.

Preise für EDGE stehen nicht fest, da EDGE vermutlich nicht in Deutschland eingeführt wird. Die Gründe für eine Nichteinführung in Deutschland liegen auf der Hand: Die Lizenzkosten für UMTS waren so hoch (siehe nächstes Kapitel), dass es keine Konkurrenz für UMTS geben darf, falls die Netzbetreiber irgendwann einmal die Kosten wieder durch Gebühren hereinholen wollen.

Es existieren momentan auch keine EDGE-fähigen Mobiltelefone, da es auch noch keine EDGE-Netze gibt.

## 2.7 UMTS – Universal Mobile Telecommunications System

UMTS hat bereits lange vor der Einführung viel Vorschusslob bekommen. UMTS soll den Mobilfunk in ein neues Zeitalter „katapultieren". Durch diesen neuen Mobilfunkstandard sollen Übertragungsraten von 144 kbit/s bis zu 2 Mbit/s[18] möglich sein. Bei UMTS ist geplant,

---

[17] /21/ - EDGE
[18] /1/ - 191ff

dass je nach Region verschiedene Übertragungsraten erreichbar sind. So soll es in ländlichen Regionen möglich sein, Daten mit bis zu 384 kbit/s übertragen zu können. Hier sollen Geschwindigkeiten von bis zu 250 km/h möglich sein. Im Vorstadtbereich sollen bis zu 512 kbit/s möglich sein, hier sind aber Geschwindigkeiten von höchstens 120 km/h möglich. In der Innenstadt und in Gebäuden sollen sogar Geschwindigkeiten von bis zu 2 Mbit/s möglich sein, wobei hier maximal Schrittgeschwindigkeit möglich ist.

Diese Datenübertragungsraten sind aber nur dann möglich, wenn man sich als einziger in dieser Mobilfunkzelle aufhält, da sich alle Nutzer diese Bandbreite teilen müssen. UMTS wird auch an der GPRS-Infrastruktur anknüpfen, da es auch paketorientiert arbeitet. Damit aber überhaupt diese Übertragungsraten erreicht werden können, muss UMTS natürlich verfügbar sein. Die Netzbetreiber planen aber auf lange Zeit keine Flächendeckung, so dass man vermutlich nur selten hohe Übertragungsraten erreichen wird. Selbst wenn eine Flächendeckung geplant wäre, stehen die Chancen dafür leider nicht allzu gut, da die Aufstellung neuer Sendemasten nötig wäre. Dies ist aber aufgrund vieler Bürgerproteste selbst bei normalen GSM-Sendeanlagen sehr schwer.

### 2.7.1 Die Kosten

Über die Kostenmodelle von UMTS ist noch nichts bekannt, da es bis zur Netzeinführung in Deutschland noch einige Zeit dauern wird. Auch Preise für Endgeräte sowie überhaupt Endgeräte sind noch völlig unbekannt. Aufgrund der hohen Lizenzkosten (ca. 8 Mrd. €) und der teuren Netzhardware (ca. 6 Mrd. € pro Netzbetreiber) für UTMS (neue Frequenzen!) dürften die Preise relativ hoch sein.

### 2.7.2 Fazit

Die Zukunft von UMTS ist noch völlig unklar. Ob die angegebenen Übertragungsraten wirklich möglich sind ist noch nicht endgültig geklärt. Der Netzausbau verzögert sich immer weiter und wird sich noch auf Jahre hinziehen. Dadurch stellt sich die Frage, welche Kunden bereit sind, viel Geld für ein neues Mobiltelefon sowie für die neuen Dienste zu zahlen, wenn sie diese nur selten nutzen können. Die Netzbetreiber können die Gebühren nicht allzu hoch ansetzen, damit sich überhaupt Kunden finden, ihre Investitionskosten müssen sich aber auch amortisieren.

Es ist gut möglich, dass UMTS als Standard für Datenübertragung von WirelessLAN überholt wird, das bereits jetzt eine großen Vorsprung hat (siehe eines der folgenden Kapitel), da noch kein größeres UMTS-Netz besteht. Momentan bestehen weltweit einige Testnetze. Die Ergebnisse, die von diesen Tests bekannt werden sind teilweise noch sehr widersprüchlich.

# 3 Funksysteme

## 3.1 Bündelfunk, TETRA und Amateurfunk

Bündelfunk und TETRA sind leider keine öffentlichen Funknetze, diese sind gedacht für u. a. Taxiunternehmen und Polizei. Für diese Institutionen kann aber auch eine Datenübertragung per TETRA interessant sein, da TETRA Übertragungsraten von bis zu 28,8 kbit/s anbieten kann[19].

Amateurfunk hingegen ist öffentlich und erlaubt auch Datenübertragungsraten von bis zu 9,6 kbit/s (entspricht GSM), es ist aber gesetzlich verboten, den Amateurfunk an andere Netze anzuschließen (z. B. Internet). Dadurch ist Amateurfunk leider nicht für einen Internetanschluss geeignet, auch wenn die Übertragungsrate interessant wäre, da eine Übertragung im Gegensatz zu GSM kostenfrei ist.

## 3.2 DECT

Dieser Standard ist vor allem aus dem Bereich der Schnurlosen Heimtelefone bekannt und ist dort sehr verbreitet. DECT ist ein weltweiter Standard, der aber jeweils unterschiedlich ausgelegt wird.

DECT ermöglicht je nach Gerät und Umgebung Reichweiten von einigen hundert Metern und Übertragungsraten von momentan bis zu 552 kbit/s. Zukünftig sind bis zu 2 Mbit/s geplant[20]. Die Nutzung von DECT ist kostenfrei, es fallen nur die Anschaffungskosten für die DECT-Geräte an.

DECT ist sehr gut für eine Vernetzung innerhalb eines Hauses geeignet, da die entsprechenden Geräte günstig und sehr zuverlässig sind sowie über einen Zugang zu beispielsweise ISDN verfügen können.

Es existieren auch Angebote, die einen Internetzugang über DECT ermöglichen. Dabei installiert der Anbieter beim jeweiligen Kunden einen DECT-Empfänger, beispielsweise auf dem Dach seines Hauses. Der Anbieter hat, um einen Zugang zu ermöglichen, einen DECT-Sender in der Nähe aufgebaut, der nun dem Kunden einen Internetzugang anbietet. Je nach System und Leistungsstärke des Senders kann dieser auch über einen Kilometer entfernt sein. So ist es möglich, einen Internetzugang anzubieten, ohne ein Kabel für die „Letzte Meile" verlegen zu müssen oder von der Telekom mieten zu müssen.

---

[19] /1/ - 189
[20] /21/ - DECT

Ein flächendeckender Internet-Zugang per DECT ist aber nur schwer möglich, da dafür die Reichweite der Systeme zu gering ist. Momentan gibt es in Deutschland leider zu wenig Zugangsanbieter und auch diese bieten ihre Dienste hauptsächlich in Ballungsgebieten an.

## 3.3 WirelessLAN

Eines der meistdiskutierten Systeme der letzten Zeit ist WirelessLAN. Dieses System erfährt auch in Deutschland eine immer größere Verbreitung.

Auf WirelessLAN beruhende Systeme bieten Übertragungsraten von momentan bis zu 11 Mbit/s, demnächst sogar bis zu 54 Mbit/s[21]. Auch WirelessLAN arbeitet in einem lizenzfreien Band, im Gegensatz zu UMTS. WirelessLAN ist nicht für Sprache gedacht, es ist ein reines Datenübertragungssystem. So gibt es zum Beispiel auch keine Mobiltelefone, die WirelessLAN unterstützen.

Dieses System soll einen Netzzugang vor allem für Notebooks und normale Computer ermöglichen, neuerdings ist dies auch mit PDAs möglich.

War WirelessLAN anfangs nur für den In-House-Gebrauch gedacht, so weitet sich das Einsatzgebiet dieser Technik immer weiter aus. Es bilden sich immer mehr sog. „HotSpots", Orte, an denen WirelessLAN durch die Aufstellung eines oder mehrer AccessPoints verfügbar ist. Diese AccessPoints bieten einen Zugang in das normale, drahtgebundene Netz und kontrollieren auch diesen Zugang. Je nach Einstellung kontrollieren die AccessPoints genau oder weniger genau oder aber überhaupt nicht, wer darauf zugreifen darf. Ein AccessPoint ist die Zentrale eines WirelessLANs, er erlaubt und verbietet gewisse Dinge und regelt den Datenverkehr.

Ein WirelessLAN ist auch ohne AccessPoint möglich, dies nennt man dann ein „Ad-hoc-Netz", welches ich aber nicht weiter behandeln möchte, da ein öffentlicher Internetzugang so nur schwer zu verwirklichen ist.

## 3.3.1 „HotSpots"

In Europa[22] und Amerika[23] entstehen immer mehr Gemeinschaften, die WirelessLANs an den verschiedensten Orten aufbauen und meist kostenfreien Zugang dazu anbieten.

Es gibt auch mehr und mehr Firmen[24], die planen, WirelessLAN aufzubauen, die dann gegen Gebühr genutzt werden können oder diese bereits aufgebaut haben. Ein Beispiel dafür ist

---

[21] /21/ - WirelessLAN
[22] /10/
[23] /11/
[24] /19/

die Firma Mobilcom Systems[25], die die komplette Messe Hannover vernetzt hat. Auch deutsche Universitäten wie beispielsweise die Uni Mainz oder die Uni Karlsruhe[26] vernetzen ihr komplettes Gelände, da oft eine Kabelverlegung sehr kompliziert oder schlicht nicht machbar ist. Außerdem ist so auf einem großen Gelände überall ein unkomplizierter Netzzugang möglich.

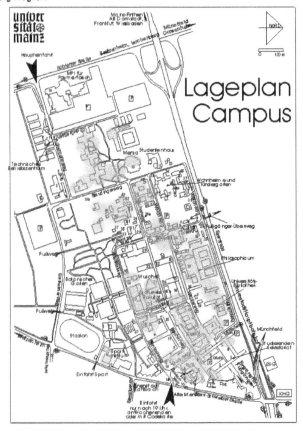

**Abbildung 8 - Verfügbarkeit von WLAN Uni Mainz**

---

[25] /22/
[26] /14/

Ein weiterer HotSpot befindet sich unter anderem auf dem Flughafen[27] Zürich. Seit neuestem gibt es ein sehr interessantes Projekt in London namens „Warchalk"[28], bei dem existierende WirelessLAN durch Kreidezeichnungen gekennzeichnet werden. Die dabei genutzten Symbole kennzeichnen, wie einfach ein Zugang zu einem WirelessLAN möglich ist. Dabei handelt es sich teilweise um eigentlich nicht öffentlich zugängliche Funknetze, sondern um Netze, die einfach nur ungenügend abgesichert sind. In Deutschland ist es verboten, sich in solche Netze einzuklinken, egal wie ungeschützt diese auch sein mögen.

### 3.3.2 Fazit

Der Standard WirelessLAN findet z. Z. mehr und mehr Anhänger. Falls sich die Anhängerschaft weiter so stark vergrößern sollte, wird der Vorsprung vor anderen Systemen bald uneinholbar sein. Selbst UMTS könnte dabei Probleme[29] bekommen, da WirelessLAN schon heute höhere Übertragungsraten als UMTS bietet und je nach Betreiber auch kostenlos oder aber sehr günstig sein wird. Immer mehr Firmen stürzen sich auf diesen Bereich und beginnen bereits, große Netze aufzubauen. Es muss sich hier aber nicht nur um StartUp-Unternehmen handeln, auch große und etablierte Firmen wie HP[30] oder Toshiba[31] interessieren sich immer mehr für dieses Gebiet. Wer weiß, vielleicht wird bald eine Flächendeckung fast erreicht. Dann wird eventuell UMTS nur noch benötigt, um zu telefonieren, was durch VoiceOverIP aber auch mit WirelessLAN möglich sein könnte.

## 3.4 Bluetooth

Einer der neuesten Standards im Bereich der schnurlosen Datenübertragung ist Bluetooth. Die ersten Bluetoothgeräte wurden Anfang 1999 vorgestellt. Entwickelt wurde Bluetooth zuerst von Ericsson, die damit das Ziel verfolgten, Kabel unnötig zu machen. Bluetooth funkt wie u. a. WirelessLAN auf dem lizenzfreien 2,4 GHz-Band, verfügt aber im Gegensatz zu WirelessLAN über eine eher geringe Reichweite von ca. 10 m.

---

[27] /15/
[28] /16/
[29] /17/
[30] /18/
[31] /19/

### 3.4.1 Einsatzgebiete von Bluetooth

Wie bereits erwähnt war das Ziel der Entwicklung von Bluetooth die Ersetzung von Kabeln. Es soll beispielsweise das Datenkabel von Mobiltelefon zu Computer ersetzt werden. Auch die Verkabelung zwischen Computer/Mobiltelefon und PDA soll ersetzt werden.

Da Bluetooth ein „kabelloses Kabel" sein soll, ist es nicht nötig, längere Strecken zu überwinden, weshalb die Reichweite auf 10 m begrenzt wurde. Diese Begrenzung wurde aber vor allem nötig, da Bluetoothmodule im Gegensatz zu WirelessLAN-Geräten sehr wenig Energie verbrauchen sollten, damit es auch in kleinsten Geräten verwendet werden kann. Bluetooth dient demnach als Kabelsatz und soll auch nicht mehr sein. Dadurch ist Bluetooth nicht für einen öffentlichen Internetzugang geeignet, auch wenn einzelne Geräte mittlerweile Distanzen von bis zu 100 m überwinden können. Auch so genannte AccessPoints für Bluetooth sind momentan nicht für größere Abdeckungen geeignet. Diese sind nur für den Heimbereich geeignet.

**Abbildung 9 - Bluetooth-Access-Point**

### 3.4.2 Fazit

Momentan ist Bluetooth vor allem für den privaten Einsatz geeignet und auch für den schnellen „Aufbau" kleiner Netzwerke eine gute Wahl. Problematisch sind die momentan im Vergleich zu beispielsweise WirelessLAN geringe Reichweite und Übertragungsrate. Dies kann sich zwar zukünftig ändern, momentan ist Bluetooth aber weniger für die Bereitstellung eines öffentlichen Internetzugangs geeignet. Da die Reichweite und auch die Übertragungsgeschwindigkeit von Bluetooth nur künstlich begrenzt wurde (Bluetooth arbeitet auf dem gleichen Frequenzband wie WirelessLAN), können diese Faktoren noch erweitert werden. Dies ist aber unwahrscheinlich, da Bluetooth keine Konkurrenz zu WirelessLAN darstellen soll.

# 4 Satellitensysteme

## 4.1 GEO – Geostationäre Satelliten

Geostationäre Satelliten – das sind Satelliten, die auf einer „festen" Position über der Erde verharren. So sind diese von der Erde aus gesehen immer auf der gleichen Position. Ermöglicht wird dies, indem die Satelliten auf eine Umlaufbahn befördert werden, auf der sie sich genau so schnell wie die Erde selber bewegen, d. h. die Erde wird innerhalb von 24 Stunden umrundet. Dadurch ist es möglich, bereits mit 3 Satelliten die komplette Erde abzudecken. Diese Satelliten werden über dem Äquator positioniert.

Es muss aber beachtet werden, dass der Begriff „die komplette Erde" hier relativ ist. Da die Satelliten über dem Äquator positioniert werden, können Gebiete ab dem 60. Breitengrad nicht oder nur sehr schwer abgedeckt werden. So werden in skandinavischen Ländern vergleichsweise riesige Satellitenschüsseln benötigt um eine Verbindung zu den entsprechenden Satelliten herstellen zu können.

### 4.1.1 Nutzbarkeit für die Datenübertragung

Da sich diese Satelliten ungefähr 36.000 Kilometer (genau: 35.786) von der Erde entfernt befinden, dauert die Übertragung eines Signals von der Erde zum Satelliten und zur Erde zurück ungefähr 0,25 Sekunden[32]. Dies bedeutet eine erhebliche Verzögerung, die beispielsweise Telefonie praktisch unmöglich macht. Auch die Datenübertragung wird dadurch extrem erschwert, da die meisten Übertragungsstandards eine schnellere Übertragung voraussetzen. Übertragungssysteme erwarten nach kurzer Zeit eine Bestätigung, dass die Übertragung erfolgreich war. Da diese aber im Millisekundenbereich liegt, kommt die Bestätigung bei einem normalen System immer zu spät, eine Datenübertragung kann nicht zustande kommen.

### 4.1.2 1. System – Eutelsat Eurobird

Tiscali bietet momentan einen Internetzugang über den Satelliten Eutelsat Eurobird an. Tiscali bietet im Gegensatz zu anderen Anbietern nicht nur einen Download über Satellit an, auch der Upload (z. B. Webseitenanforderungen) erfolgt über Eutelsat Eurobird.

---

[32] /1/ Seite 216

Tiscali bietet momentan eine Datenübertragungsrate von bis zu 400 kbit/s beim Download und von bis zu 130 kbit/s beim Upload an[33]. Um diese System überhaupt nutzen zu können, hat Tiscali einige Bedingungen festgelegt. So muss auf dem Rechner des Nutzers eine spezielle Software installiert werden und es können auch nur bestimmte Browser genutzt werden. Dies dürfte vor allem nötig sein, da wie bereits erwähnt die Übertragungsverzögerung solcher Systeme sehr hoch ist.

Für die Nutzung wird auch eine relativ große Satellitenantenne mit einem Durchmesser von 75 cm benötigt, wodurch eine mobile Nutzung ausgeschlossen wird. Eine mobile Nutzung ist aber auch nicht möglich, da die Satellitenantenne sehr genau ausgerichtet werden muss und dann auch fest montiert wird.

Voraussetzung für eine Nutzung ist selbstverständlich, dass es möglich ist eine Sichtverbindung zum Satelliten herstellen zu können.

### 4.1.2.1 Kosten

Als Kosten fallen zuerst einmalig ungefähr 1500 € an, die Monatsgebühr beginnt bei 92 €. Die Kosten variieren je nach gewähltem Tarif, auch eine Netzwerknutzung soll demnächst möglich sein (Stand Anfang Juli 02). Die einmaligen Kosten beinhalten sämtliche benötigte Hardware (Antenne, Kabel usw.) sowie die Ausrichtung und Installation der Satellitenantenne. Die monatliche Gebühr beinhaltet die Nutzung des Systems und ein unbegrenztes Übertragungsvolumen.

### 4.1.2.2 Fazit

Dieses Angebot hat einige Vorteile. So werden eine hohe Übertragungsrate und eine ständige Verbindung geboten. Auch die Kosten halten sich noch in einem gewissen Rahmen. Doch ist die Nutzung durch die von Tiscali vorgegebenen Bedingungen eingeschränkt und nur mit bestimmten Systemen möglich. Eines der größten Mankos besteht aber in der Unmöglichkeit der mobilen Nutzung. Für manche Anwender ist dieses System aber sicher gut geeignet.

### 4.1.3 2. System – Inmarsat

Auch Inmarsat beruht auf GEO-Satelliten. Inmarsat wurde aber im Gegensatz zum Eutelsat nicht für die Übertragung von Fernsehsignalen entwickelt sondern für die Übertragung von

---

[33] /23/

Sprache, d. h. für die Nutzung durch Telefone. Inmarsat bietet auch im Gegensatz zu Eutelsat eher geringe Übertragungsraten an, da es für eine mobile Nutzung gedacht ist. Es werden momentan Übertragungsraten von bis zu 64 kbit/s angeboten[34]. Standardmäßig bietet Inmarsat eine Übertragungsrate von 9,6 kbit/s an, nur durch ein spezielles Modem kann eine Übertragungsrate von 64 kbit/s erreicht werden. Bei Inmarsat ist wie bereits erwähnt eine mobile Nutzung möglich ist. Hierfür nötige Geräte werden dabei in den verschiedensten Ausführungen angeboten.

### 4.1.3.1 Fazit

Inmarsat ist vor allem für eine mobile Nutzung geeignet, weshalb dieses System nur geringe Übertragungsraten bietet. Die Kosten sind im Vergleich zu Eutelsat einiges höher, für genaue Preise ist eine Anfrage bei Inmarsat nötig.

## 4.2 MEO – Satelliten in mittleren Umlaufbahnen

Bei einem MEO-System ist es bereits möglich durch 12 Satelliten eine weltweite Abdeckung erreicht werden, wobei aber noch immer hohe Verzögerungen entstehen, da sich diese in einer Entfernung von 6.000 bis 12.000 Kilometern zur Erde befinden[35].

Momentan existieren keine MEO-Systeme, die eine Datenübertragung anbieten.

## 4.3 LEO – Satelliten in niedrigen Umlaufbahnen

Diese Systeme befinden sich ungefähr 500 bis 1500 Kilometer von der Erde entfernt. Aufgrund der geringen Entfernung entstehen bei der Nutzung eines LEO-Systems sehr geringe Verzögerungsraten, die der Verzögerung bei einer Datenübertragung über lange Strecken im Festnetz gleicht. Um aber mit solch einem System die Erde abdecken zu können, sind sehr viele Satelliten nötig, was sehr hohe Kosten verursacht. Auch die Verwaltung wird sehr kompliziert, da sich diese von der Erde aus gesehen sehr schnell bewegen. Das führt dazu, dass ein Satellit nur kurze Zeit für einen Bereich nutzbar ist.

---

[34] /25/
[35] /1/ Seite 217

### 4.3.1 1. System – Iridium

Iridium ist das bekannteste Satellitensystem, da es kurz nach dem Start bereits wieder eingestellt werden sollte. Der Grund liegt in den hohen Kosten, da Iridium mindestens 66 Satelliten benötigt, um die gesamte Erde abdecken zu können. Da ein solcher Satellit eine Lebensdauer von ungefähr 5 Jahren hat, bleiben die Kosten auf hohem Niveau. Iridium bietet momentan eine Übertragungsrate von 2,4 kbit/s (Zum Vergleich: GSM bietet 9,6 kbit/s) an. Aufgrund dieser sehr geringen Übertragungsrate und der hohen Kosten (ca. 4 $/Minute) ist es nur dann sinnvoll, Iridium zu nutzen, wenn man wirklich von jedem Punkt der Welt aus Daten übertragen möchte.

Leider ist die Zukunft von Iridium nicht wirklich sicher, weshalb die Anschaffung der relativ teuren Endgeräte ein gewisses Risiko darstellt.

### 4.3.2 2. System – Globalstar

Globalstar wurde kleiner als Iridium geplant und benötigt so „nur" 48 Satelliten. Globalstar kann aber auch keine weltweite Abdeckung bieten. Es bietet die gleichen Übertragungsraten wie GSM (9,6 kbit/s[36]) und nutzt für die Übertragung die Satellitentelefone. Da aber Globalstar beispielsweise keine Abdeckung von Afrika und Teilen von Asien bietet, ist der Sinn von Globalstar fraglich. Iridium bietet eine weltweite Verfügbarkeit und im Vergleich zu Globalstar ist die Übertragungsrate nicht wirklich viel niedriger.

### 4.3.3 3. System – ORBCOMM

ORBCOMM ist ein System, das nur Datenübertragung anbietet und auch nur mit 35 Satelliten arbeitet. Aber auch ORBCOMM bietet momentan nur maximale Übertragungsraten von 4,8 kbit/s an, da auch dieses System zu einer Zeit geplant wurde, als diese Übertragungsraten völlig ausreichten. Auch die Kosten für eine Nutzung von ORBCOMM sind werden nur auf Anfrage genannt, da es hier eher selten genutzt wird[37].

### 4.3.4 4. System – Teledesic

Dies ist der Name eines Satellitenprojektes, das sich momentan noch in der Planungsphase befindet. Der Start von Teledesic ist momentan für das Jahr 2005 angesetzt, wobei sich dieser Termin natürlich noch ändern kann. Teledesic plant, bis zu 30 Satelliten

---

[36] /26/
[37] /28/

einzusetzen[38]. Man muss dabei aber bedenken, dass anfangs 288 Satelliten geplant waren. Da so die Kosten aber explodiert wären, will man nun ein reduziertes Satellitensystem einsetzen und auch nur die „wichtigen" Teile der Welt abdecken, wo am meisten mögliche Kunden erreicht werden können. Teledesic soll Übertragungsraten von mindestens 128 kbit/s im Uplink (Upload) bieten. Maximal sollen bis zu 100 Mbit/s möglich sein. Der Downlink (Download) soll mit einer Übertragungsrate von bis zu 720 Mbit/s möglich sein[39]. Diese Übertragungsraten übertreffen jedes momentan öffentlich verfügbare System. Da die Satelliten aber erst 2005 im All sein werden, könnten diese Datenübertragungsraten bereits kurz nach dem Start nicht mehr konkurrenzfähig sein.

Im Gegensatz zu Iridium ist Teledesic nicht für den mobilen Einsatz gedacht, auch hier wird eine fest installierte Satellitenantenne benötigt.[40]

Die von Teledesic versprochenen Werte scheinen fantastisch zu sein. Doch wer weiß, ob dieses System überhaupt startet und ob es dann auch diese Übertragungsraten bieten kann.

## 4.4 Skystation

Skystation befindet sich momentan noch in der Planung. Es ist eine Art Satellitensystem, wobei sich aber der „Satellit" an einem Prallluftschiff befindet, das in eine Höhe von 21 Kilometern (Stratosphäre) gefahren wird. Dieses Prallluftschiff ist mobil, d. h. seine Position kann verändert werden, es kann auch wieder auf den Boden zurückgeholt werden. Es soll ein Gebiet mit einem Durchmesser von ungefähr 400 Kilometern abdecken können und dort verschiedene Dienste anbieten.

Unter anderem soll Skystation als Antenne für UMTS-Geräte dienen und somit helfen, Stadtgebiete mit UMTS zu versorgen ohne neue Antennen zu installieren. Zum Start ist deshalb die Installation von mehreren Skystations über verschiedenen Großstädten geplant. Somit hängt das Schicksal dieses Systems auch von der Zukunft von UMTS ab. Eine Skystation soll laut Hersteller vergleichsweise günstig sein, vor allem im Vergleich zu Satelliten, da hierfür keine Raketen benötigt werden, da sich die Skystation selbst bewegen kann.

Der Hersteller verspricht momentan Übertragungsraten von bis zu 10 Mbit/s, eine Aufrüstung sollte aber problemlos möglich sein, da man eine Skystation problemlos wieder zurück zum Boden bekommen soll und damit auch wieder nachrüsten kann. Start der ersten Skystation soll 2004 sein[41].

---

[38] /24/
[39] /24/
[40] /1/ Seite 222 ff
[41] /27/

# 5 Fazit und Ausblick

Es existieren momentan sehr viele Systeme unterschiedlicher Art und Weise, die einen drahtlosen Internetzugang ermöglichen. Es gibt aber z. Z. kein perfektes „Allround-System", das für jeden Nutzer ideal ist. Jeder Nutzer hat andere Anforderungen an die Systeme. So muss ein Nutzer vielleicht weltweit erreichbar sein, für diesen wäre beispielsweise GPRS ungeeignet. Ein anderer will vielleicht nur hin und wieder in das Internet, und das auch noch möglichst günstig und vor allem schnell. Für diesen wären vielleicht WirelessLAN-HotSpots ausreichend.

Jeder Nutzer muss sich über seine Anforderungen klar werden und dann ein System suchen, das all diese Anforderungen erfüllen kann. Eventuell gibt es kein System, das alles erfüllen kann, dann ist vielleicht eine Kombination verschiedener Systeme nötig.

Mein persönliches Fazit ist, dass es sehr schwer ist, das richtige System zu finden.

Zukünftig wird sich im Bereich der drahtlosen Internetzugänge viel ändern, einige Systeme werden zusammenwachsen, einige verdrängt und viele neue Systeme werden entstehen. Die Entwicklung geht immer schneller voran. Ehemals schnelle Übertragungsraten wirken heute lächerlich, heutige schnelle Übertragungsraten werden vermutlich bald lächerlich wirken.

# Literaturverzeichnis

/1/ SCHILLER, JOCHEN; Mobilkommunikation – Techniken für das allgegenwärtige Internet; 2000

/2/ COMER, DOUGLAS E.; Computernetzwerke und Internets mit Internet-Anwendungen; 3. Auflage; 2002

/3/ http://www.vodafone.de/askd2/D2-Netz/Übertragungstechnik/GPRS/GPRS_Technische_Einzelheiten/gprs_technische_ein zelheiten.html

/4/ http://www.vodafone.de/services_tarife/10160.html

/5/ http://www.vodafone.de/services_tarife/10155.html

/6/ http://www.vodafone.de/services_tarife/10167.html

/7/ http://www.vodafone.de/multimedia_mobil/9021.html

/8/ http://www.vodafone.de/multimedia_mobil/14880.html

/9/ http://www.eplus-imode.de/1/de/html/pub/presse/index.html

/10/ http://mobileaccess.de/wlan

/11/ http://www.freenetworks.org

/12/ http://www.vnunet.de/vnunet/news/detail.asp?ArticleID=4080&Topic=Newsticker&List=Start

/13/ pm0205_020412.doc

/14/ Uni Karlsruhe - DUKATH - Uni Karlsruhe.htm; Uni Mainz - http://www.zdv.uni-mainz.de/JoguBits/29/jogu29_6.html

/15/ www.monzoon.net; swiss.pdf; Hotspots auf Züricher Flughafen.pdf

/16/ http://www.spiegel.de/netzwelt/netzkultur/0,1518,205702,00.html

/17/ http://www.golem.de/0110/16284.html

/18/ Artikel Spiegel Online „Mit Superhandy ins Datennetz"

/19/ http://www.vnunet.de/vnunet/news/detail.asp?ArticleID=4080&Topic=Newsticker&List=Start

/20/ http://www.vodafone.de/services_tarife/6596.html

/21/ http://www.dafu.de

/22/ pm0205_020412.doc

/23/ AnmeldungTiscaliSat.pdf

/24/ http://www.teledesic.com/about/about.htm

/25/ http://www.inmarsat.com/sol_web_access.cfm

/26/ http://www.globalstar.com/mobile_internet_access.html

/27/ http://www.skystation.com/sts.html

/28/ http://www.orbcomm.com

# Ehrenwörtliche Erklärung

Ich versichere hiermit, dass ich meine Seminararbeit mit dem Thema

Drahtlose Internetzugänge

selbständig verfasst und keine anderen als die angegebenen Quellen und Hilfsmittel benutzt habe.

Ort

Datum                                    Unterschrift